LE
RÉVEIL DE L'OPINION DANS L'UNIVERSITÉ
sous le second Empire.

La Revue de l'Instruction Publique

ET

VICTOR DURUY

LE

RÉVEIL DE L'OPINION DANS L'UNIVERSITÉ

sous le second Empire.

La Revue de l'Instruction Publique

ET

VICTOR DURUY

(Extrait de *L'Enseignement secondaire*, mars-mai 1914.)

LE RÉVEIL DE L'OPINION DANS L'UNIVERSITÉ

sous le second Empire :

La *Revue de l'Instruction publique* et Victor Duruy

Les deux organes principaux de l'Université sous le second Empire étaient deux feuilles déjà anciennes, le *Journal général de l'Instruction publique* et la *Revue de l'Instruction publique*, propriétés, la première de l'imprimeur Paul Dupont, la deuxième, du libraire Louis Hachette. Des Revues qui s'adressaient à un public restreint, surtout à une époque où l'esprit d'association était moins répandu qu'aujourd'hui, étaient forcément dans la main des hommes d'affaires qui en assumaient la dépense : on verra plus loin que Dupont et Hachette furent tout autre chose que les purs exécuteurs des ordres de la rédaction. Le *Journal général* avait encore un autre maître, le Gouvernement : c'était une feuille officieuse qui recevait la primeur des actes du Ministère; la *Revue de l'Instruction publique* n'avait pas d'attache avec la rue de Grenelle.

Il n'en résultait pas au jour le jour entre ces deux organes la différence que l'on pourrait croire; pendant plus de dix ans, ils vécurent en bonne intelligence; jusqu'en 1863, nombre de professeurs écrivirent indifféremment dans l'un et dans l'autre; ces feuilles concevaient toutes les deux leur rôle avec la même largeur; car d'un côté elles suivaient d'assez près les variations des méthodes pédagogiques à l'étranger, et d'autre part, idée moins heureuse, elles étaient à la fois scientifiques et scolaires; aux articles de littérature, d'érudition, elles ajoutaient des textes de devoirs, des copies couronnées, des corrigés, exposant ainsi quelquefois l'élève à lire, avant les pages qui le concernaient, des discussions qui ne sont pas de cet âge. Du moins l'élève était sûr de n'y rien rencontrer de frivole; ces deux Revues tenaient également la littérature profane à distance; le roman, qui n'entra à l'Académie qu'avec Sandeau, n'avait jamais encore occupé la *Revue de l'Instruction publique*, lorsque le 1er avril 1854 J.-J. Weiss y rendit compte de *Tolla*, il s'en excusait en disant qu'About avait voulu là décrire la géographie physique de l'Italie; ce n'est que plus tard que Gustave Merlet donna au *Journal* de longs articles sur des littérateurs contemporains. Demogeot, dans la *Revue de l'Instruction publique*, se croyait obligé d'expliquer qu'un professeur peut s'essayer à la chronique théâtrale. La critique universitaire demandait compte aux dramaturges de la qualité de l'émotion ou de l'amusement qu'ils donnaient [1]; elle émit quelquefois, rarement du reste, des jugements durs, irrévérencieux [2], mais on ne peut lui reprocher qu'une assertion scabreuse, celle de Claveau qui, tout en n'approuvant pas les factums échangés entre George Sand et Paul de Musset, déclarait qu'en art toute la question est de savoir si les personnages d'un récit sont vivants [3].

Même en pédagogie, les deux feuilles n'étaient pas d'opinions opposées. J'ai déjà eu l'occasion de dire [4] qu'à l'origine la *bifurcation* ne rencontra pas l'hostilité presque unanime sous laquelle plus tard elle succomba, enveloppée dans d'autres griefs longuement couvés contre Fortoul,

---

1. Voir dans la *Revue de l'Instruction publique*, Demogeot sur la *Dame aux Camélias*, 6 et 20 janvier 1853 (il y a inséré le 17 mars 1853 un bon article sur *l'Honneur et l'Argent*); voir un article d'un autre rédacteur sur Bayard, le 4 juin 1857. Désarmée par la fin malheureuse d'Henri Murger (article du 6 février 1861), la même feuille glorifiait Feuillet pour l'opposer à Flaubert, 2 juin 1859; elle ne s'enthousiasmait pour George Sand que quand l'auteur de *Lélia* préparait la *Mare au Diable*, 26 février 1862.

2. Par exemple, celui de G. Antoine, sur Auber, Scribe, Adam, 27 janvier 1853.

3. 18 août 1859.

4. Articles sur les Discours de Distribution de prix sous le second Empire: **Feuilles d'histoire,** 1er juin et 1er juillet 1913.

condamnée aussi par l'expérience[1]. Au début, le principe qui, d'ailleurs, n'était pas nouveau, avait été général-ment approuvé et non pas seulement par des bouches suspectes ou chargées de harangues officielles. La *Revue de l'Instruction publique* dira, le 15 décembre 1864, que *la bifurcation a été une erreur et des plus graves*, et qu'elle n'a jamais été défendue dans ses colonnes; c'est que, comme tous les journaux, elle avait la mémoire courte; en effet, par la plume d'un de ses plus assidus rédacteurs, Bernard Jullien, elle avait constaté que la réforme avait été librement dis-cutée, modifiée, avant qu'on la promulguât[2]: « On avouera, disait-il, que jusqu'ici on n'avait vu sortir d'aucune Com-mission une décision d'ensemble aussi satisfaisante que celle-ci[3]. » Il l'approuvait formellement, il louait Fortoul d'en faire surveiller l'exécution par une tournée spéciale d'inspecteurs généraux; il la défendait contre Riancey[4]; il s'accordait même avec Fortoul dans une modeste con-ception de l'enseignement supérieur; à l'agrégation il pré-férait la licence; il louait Fortoul d'avoir supprimé les agrégations spéciales, d'obliger chaque professeur de Fa-culté à soumettre son programme à ses collègues et au Ministre, à embrasser toute l'étendue de sa matière en trois ans, sauf à traiter seulement dans chacune de ces trois années une question de son choix prise dans la période cor-respondante : Jullien admettrait qu'un professeur, *surtout dans les hautes classes*, se tînt au courant des publications importantes *par la lecture des comptes rendus et quelque-fois des ouvrages mêmes*. « Il y en a » selon lui « qui trouvent,

---

1. Paul Dubois, en 1864, à l'Assemblée annuelle des anciens élèves de l'Ecole normale, les appellera *vieux naufragés de je ne sais combien de révolutions universitaires* : « D'années en années — s'é-criait-il — nous avons vu se dérober timidement une à une toutes ces prétendues réformes; mais douze ans, oui douze ans, il n'a pas fallu moins que ce cercle si long pour revenir enfin à la tradition (*Revue de l'Instruction publique*, 28 juillet 1864).
2. Articles d'avril et mai 1852.
3. 1er juillet 1852.
4. 10 août 1852, 1er novembre 1853 et les articles de novembre 1852.

malgré les soins qu'ils donnent à leur classe, le temps de composer des livres » ; mais il souhaitait qu'on n'abusât pas de cette tolérance[1]. Et pourtant ni lui ni sa Revue ne se rangeaient, on le verra bientôt, parmi les flatteurs. Seulement, il avait démêlé comme bien d'autres que la réforme de Fortoul avait pour l'Université l'avantage d'apaiser partiellement de dangereux ennemis qui parlaient tout uniment de la détruire. « Presque partout les professeurs de l'Université, convaincus que le nouveau système d'études est pour le corps tout entier une *planche de salut*, se sont mis à l'œuvre avec autant de zèle que de dévouement[2]. » Dans la même Revue, il est dit (15 juin 1854) que les professeurs des lycées parisiens *ont rivalisé de zèle pour la réforme* et (13 juillet) que la plupart des Conseils académiques (il y en avait alors un par département) l'ont louée, qu'elle a été appliquée partout, même là où elle n'était pas obligatoire, c'est-à-dire dans les collèges communaux. Il est vrai que Fortoul exigeait l'obéissance. « Les moindres observations », dit M. G. Boissier, « étaient accueillies avec une hauteur qui froissait les plus résignés ; on destitua ceux qui osèrent parler ; d'où, surtout parmi les hauts fonctionnaires, *une conspiration de mensonge*[3]. » Mais tout le monde ne mentait pas en approuvant : Bersot, libre par caractère et de par sa démission, n'était pas loin, dit Saint-Marc Girardin, de l'accepter[4].

---

1. 30 novembre et 2 décembre 1852, 27 janvier 1853 et *passim*. — Jullien veut que les thèses fassent avancer la science, mais par une assertion nouvelle accompagnée de preuves, non pas des monographies (13 janvier 1854). Dix ans après, Géruzez déclarera qu'il ne lui paraît plus possible de rien découvrir sur Chateaubriand (*Ibid.*, 28 juillet 1864).

2. 14 octobre 1852.

3. *Revue des Deux-Mondes*, 26 juin 1869. Poirson, le très estimé historien, perdit à cette occasion le provisorat de Charlemagne. — Fortoul, d'autre part, avait eu beaucoup de bonnes idées de détail (voir dans la *Revue de l'Instruction publique*, une apologie de Fortoul, par Lesieur, 12 octobre 1865, l'article sur la fondation des chaires de littérature comparée, 5 octobre 1865). C'est Fortoul qui a le premier réclamé une sérieuse importance pour l'étude du français (Instruction générale pour le plan d'études, novembre 1854).

4. *Revue de l'Instruction publique*, 23 avril 1857.

Donc ce n'était pas en soutenant la réforme de Fortoul[1] que le *Journal général* se séparait de la *Revue de l'Instruction publique* ; mais il était nettement antilibéral et bonapartiste.

On reconnaît en effet le ton d'un adversaire passionné dans les répliques que son directeur Ch. Louandre oppose aux opinions pédagogiques de Saint-Marc Girardin et de Bersot[2], surtout dans la vigilance avec laquelle il signale les plaintes qu'exhalait à certains jours la liberté réfugiée à l'Institut ; il raillait la *diplomatie académique*, les *regrets*, les *avis rétrospectifs* de Falloux, lui reprochait de n'avoir pas dit que la France « avait enfin trouvé l'ordre et le repos » et félicitait Brifaut d'avoir répondu que la France rencontrait toujours un homme supérieur pour la sauver[3]. Il reproduisait avec complaisance (25 août 1852) le célèbre article du *Constitutionnel*, où Sainte-Beuve reprochait aux hommes qui avaient défendu l'ordre sous la seconde République, de ne point pardonner à d'autres d'avoir sans eux définitivement vaincu l'anarchie. Son collaborateur Merlet, le 26 mars 1859, dans un vigoureux article, qualifiait le *César* d'Ampère de pamphlet prosaïque, affirmait que César avait travaillé pour Rome, qu'il fut invoqué, salué par l'Italie entière. Un autre, Eug. Talbot, appelait sans restriction le redoutable Michelle *un des administrateurs les plus distingués* de l'Ecole Normale[4]. Les libéraux anglais, assez circonspects pourtant, sont accusés dans le *Journal général* de frayer la voie aux révolutions ; Macaulay s'y entend blâmer de faire la cour à toutes les professions, à toutes les classes, à *tout ce qui rougirait d'être peuple et n'a pas encore été grand seigneur*[5]. Le *Journal* laisse percer de la mauvaise humeur contre les

---

1. Par exemple dans les articles du 8 mars 1854, du 22 mars 1855.
2. *Ibid.*, 25 avril 1857.
3. 28 mars 1857.
4. 1er janvier 1859.
5. 4 mars 1854.

protestants[1]. Il servait, en outre, le Gouvernement en appuyant de toutes ses forces les débuts de la *Revue Européenne* qui, à la faveur d'articles libéralement accueillis de toutes mains, faisait passer des chroniques politiques dévouées à l'Empire[2].

Il avait les droits d'un officieux et en exerça quelquefois l'emploi : ainsi, lorsque Dübner, le 6 janvier 1858, protesta par ministère d'huissier n'avoir jamais sollicité la substitution de sa grammaire grecque à celle de Burnouf, le *Journal général* lui répondit par des extraits de ses suppliques : les cartons de la rue de Grenelle s'ouvraient donc pour lui. Il ne faudrait cependant pas le prendre pour un flatteur à gages ; c'est un enthousiaste de l'Empire comme il y en avait tant alors, et rien de plus. Il fait honneur de nos victoires d'Italie à Napoléon III[3], mais c'était alors l'opinion de l'État-Major prussien ; il reproduit[4] un long éloge des œuvres littéraires de l'Empereur, mais pour son compte il loue avec modération le *Jules César* impérial[5]. Il ne fait pas la chasse aux professeurs libéraux. Il laisse bien rarement échapper des phrases comme celle-ci : « Le maréchal ministre de la Guerre *dont l'épée guida nos soldats dans un jour à jamais mémorable dans les fastes politiques du pays* » (27 août 1853), ou comme celle-ci à propos du portrait des souverains : « La grandeur de l'œuvre a cette fois troublé le pinceau de l'artiste qui a fait des trahisons cruelles à la beauté, à la dignité, à la grâce[6]. » Habituellement le *Journal général* se borne à relater les harangues et acclamations bonapartistes auxquelles donnent lieu les événements de la vie scolaire, et n'y ajoute rien. Comme ce sont là des alinéas clairsemés dans une feuille remplie surtout d'arrêtés ou d'articles

---

1. Voir un article, point injuste pourtant, d'Alexandre Dufay, sur l'*Histoire de la littérature française à l'étranger*, de Sayous, en 1859.
2. *Journal général*, 17 décembre 1859, 27 avril 1859, etc.
3. 14 juin 1862.
4. 13 et 17 décembre 1856.
5. Voir quatre articles de Talbot, en 1865.
6. Nº du 9 juillet 1853.

d'érudition, de littérature, on conçoit qu'elle ait long-temps reçu la collaboration de lettrés et d'universitaires de marque, Chéruel, J. Quicherat, Berthelot, Renan, Ernest Havet, Rathery, Perrens, Ch. Lavollée, Huillard-Bré-holles, Victor Fournel, P. Janet, Jourdain, Ch. Giraud, Nourrisson, Jules et Julien Girard, Merlet, Em. Levasseur, Rossignol, Gréard, Stiévenart, Boissier, Weil, Gebhart, MM. Mézières et Michel Bréal. Sans doute elle ne s'est convertie à la liberté qu'à la suite de l'Empereur ; mais enfin elle distribuait une foule de notions utiles, intéres-santes. Quelquefois, grâce à ses informations officielles, elle a prémuni contre de tristes déceptions[1]. Elle citait assez souvent tout au long des articles opposés à ses vues, des louanges données à ses adversaires. Son antipathie ne survivait pas à la mort de ses ennemis, de Victor Chauvin par exemple et de Paradol[2]; Paul Dupont a assisté aux obsèques de L. Hachette ; il a annoncé en 1870, qu'Albert Duruy, dont nous verrons le père si fort attaqué dans le *Journal général*, s'engageait un des premiers.

Toutefois la *Revue de l'Instruction publique* est bien au-trement intéressante. Sur les questions de pédagogie, elle a pu, par conviction ou par opportunité, professer les mêmes opinions que le *Journal général;* mais sur les in-térêts généraux, elle a montré bien plus de clairvoyance et de hardiesse. Non qu'elle se soit érigée en feuille d'opposi-tion. Qui n'eût pas voulu se taire eût été immédiatement bâillonné, à moins de se cacher, entre deux épigrammes, sous un masque de bouffon, comme le *Charivari* qui par cent caricatures inoffensives achetait le droit d'insinuer à certains jours que les nombreuses abstentions d'électeurs pourraient bien prouver quelque chose et que, si Jacques Bonhomme ne votait pas, c'est qu'on emprisonnait qui votait mal[3]. En outre, le découragement avait envahi tous

---

1. Voir l'entrefilet du 16 juin 1868, sur les précautions à prendre avant d'accepter les places de professeurs offertes par le gouvernement d'Haïti.
2. Nos des 28 novembre 1866 et 28 juillet 1870.
3. Nos des 27 février et 5 mars 1852.

les libéraux demeurés en France. Sarcey, qui avait été furieux du Coup d'État, qui avait voté *non* aux deux plébiscites, qui s'était promis de refuser le serment, finit par le prêter avec indifférence et même il dit n'avoir voté *non* la seconde fois que parce que le Recteur exigeait un *oui* : « Despotisme pour despotisme, autant celui-là qu'un autre ; il pourra faire quelque bien jusqu'à une nouvelle débâcle[1] ». L'approbation presque universelle, les effets d'abord heureux du Coup d'État prolongeaient, renforçaient l'intimidation. Les plus fermes se surveillaient soigneusement. Paul Dubois rappelait aux normaliens, le 1er septembre 1853, les bienfaits du Gouvernement, il leur disait : « L'autorité de tous les temps nous a trouvés ce que nous avons promis d'être, une famille de paix et de bon exemple, les yeux sur les souffrants d'entre nous, les mains tendues pour les secours, jamais une parole au delà. » Prévost-Paradol et Taine, bientôt si pétulants, se renfermaient dans les étroites bornes prescrites aux publicistes[2]. Havet s'interdisait, en ouvrant son cours sur Cicéron, les allusions qui se présentaient d'elles-mêmes quand il peignait la disparition de l'amour de la liberté : il souhaitait à l'Europe civilisée de conserver avec le courage militaire *la vertu civile et domestique*, mais sans s'expliquer autrement[3]. Despois, dans l'enseignement libre, écrivait d'un style pur, noble, mais aussi peu révolutionnaire que possible les articles qu'il a réunis en 1865 sous le titre de *Les lettres et la liberté ;* un autre démissionnaire, plus sûr encore de vivre de sa plume, Jules Simon, condamnait formellement dans *Le devoir* l'admiration des crimes heureux, mais évitait toute allusion formelle au présent ; il savait bien que l'ob-

---

1. Sarcey, *Souvenirs de jeunesse* (Bibliothèque des Annales, s. d.).
2. *Revue de l'Instruction publique*, articles des 1er et 15 mars 1855. Au surplus, dès 1853, tout en écrivant à un ami: « La main me démange ; l'épée danse dans le fourreau », Paradol passait pour avoir l'accès de Fortoul et, en 1856, dira être « *comblé par lui de bons procédés* ». Voir ses lettres du 25 mai 1853 et du 25 mai 1856, dans *Prévost Paradol* de M. Gréard, Hachette, 1894.
3. *Journal général*, 26 février 1855.

stacle n'était pas dans le Gouvernement seul, mais dans le public. Granier de Cassagnac disait à la Chambre, sans choquer personne, que l'envahissement de la politique, quand cette politique est bonne, ne doit pas être entravé, qu'il n'y a plus en France de partis, mais un Gouvernement auquel il faut que la France s'identifie comme avec sa force, son avenir, sa dignité : « Tout le monde dans la Chambre est loyalement, respectueusement dévoué au Gouvernement ; tout le monde y a le droit et le devoir de lui offrir ses conseils, mais personne n'a le droit de lui offrir des traités [1]. » On pouvait en gémir, mais chacun en tenait compte [2]. Sacy, dans son discours de réception à l'Académie française, reconnaissait que « l'opinion était très facilement résignée à voir la presse alternativement exercer ou subir la dictature », que « par une conséquence inévitable de l'anarchie, l'usage a été réfréné comme l'abus » ; à quoi Hipp. Rigault, dans la *Revue de l'Instruction publique* du 5 juillet 1855, ajoutait : « La presse subit aujourd'hui la défaveur de l'opinion... ; elle a perdu son crédit et sa popularité, sans avoir mérité sa disgrâce. » S'il faut en croire Michelle, les normaliens auraient en 1857 acclamé Napoléon III lorsque Sainte-Claire Deville fut promu officier de la Légion d'honneur, et Michelle aurait été fondé à transmettre au souverain *leur parfaite gratitude, leur entier dévouement;* mais, quoi qu'il en soit, on en était à tâcher de tirer le moins mauvais parti possible de la mort de la liberté ; voici comment Hipp. Rigault expliquait la part plus grande que la *Revue de l'Instruction publique* allait faire à la critique littéraire : « A mesure que les esprits se détachent de la politique, l'attention publique se tourne vers la littérature ; en France surtout, quand l'opposition

---

1. Discussion sur la réduction des 86 académies à 16, avril-mai 1854.

2. Le *Charivari* exprimait plaisamment cette navrante disposition à croire que déplaire au Gouvernement était le pire des péchés : deux femmes en travesti ont été conduites au poste ; l'une se désole ; l'autre lui dit : « Faut-y pas se chagriner parce qu'on est au violon ? Il n'y a pas d'affront du moment que la politique est étrangère à l'événement. » 21 janvier 1852.

se tait, la critique littéraire prend la place de l'opposition...
Une fois que la France est pacifiée, comme dit Tacite, c'est
aux études littéraires que les esprits élevés demandent un
asile[1]. »

Aussi la *Revue de l'Instruction publique* va-t-elle être
très circonspecte. Deux circonstances l'y aidaient : la première, son objet circonscrit puisqu'elle n'était pas politique; elle l'avait été avant 1853 et le redevint en 1863[2],
mais en ce sens qu'en acquittant une taxe supplémentaire,
elle avait la faculté d'aborder la polémique en matière d'enseignement. L'autre circonstance est que les universitaires
d'alors nourrissaient des opinions beaucoup moins avancées
qu'aujourd'hui; en 1848, dit Sarcey, presque tous les normaliens avaient voté, non pour Ledru-Rollin, mais pour
Cavaignac. En cherchant bien, on trouverait dans la
Revue de l'Instruction publique un mot en faveur du Coup
d'État; notons ce mot[3], car on n'avertira jamais assez des
chances que le désordre offre au despotisme, mais n'en
abusons pas. Seulement cette feuille est bien résolue à
ne pas heurter en vain le Gouvernement. Elle accepte
avec décision le sacrifice des barbes exigé par Fortoul[4].
Elle recommande la prudence, l'union, la subordination
(6 juin 1852). Elle exige que les orateurs des cours publics
s'observent (3 mars et 21 avril 1864); elle condamne les
rancunes; en 1862, elle félicite Étienne Arène, qui rentrait
en France, d'avoir écarté les récriminations dans ses *Voix
d'exil*. Elle est peu portée à lier partie avec l'opposition;

---

1. 2 décembre 1852.

2. A peine hasarde-t-elle quelques mots sur l'astuce que le czar déploie
contre les Polonais et quelques mots pour les Danois, 27 décembre 1864,
1er novembre 1866. A plus forte raison, elle se tait sur la politique
intérieure.

3. « Avant le 2 décembre dernier, dit B. Jullien le 4 novembre 1852,
on donnait une importance insuffisante aux Inspecteurs généraux » parce
que « toute administration était regardée comme un prix toujours offert
au parti vainqueur et qu'en conséquence chacun craignait de donner au
Ministre une autorité trop considérable : mais, aujourd'hui, l'administration
est remise dans son état normal. »

4. N° du 15 avril 1852.

quand on décide que pour révoquer un professeur, il faudra non plus un arrêté du Ministre, mais un décret de l'Empereur, peu exigeante, elle dira : « Ce n'est pas une garantie suffisante, mais enfin c'est une garantie, car il est probable que le Chef d'État ne prononcera pas une si grave pénalité sans des raisons d'ordre majeur [1]. » Elle enregistre sans mot dire la révocation de Laprade et la suspension de Renan. Le 16 décembre 1865, elle accorde qu'il faudrait un Conseil pour tempérer l'omnipotence du Ministre, mais voit la difficulté d'en régler les attributions et ne propose rien. Sur la nomination des instituteurs par les préfets, elle insère une réclamation pleine de noblesse, de modestie, mais se résigne mélancoliquement pour ce motif que sans doute le préfet, les jours d'élection, demande de fâcheux services aux maîtres d'école, mais que, les autres jours, il les protège plus efficacement qu'un Recteur qui, devant un évêque, *ne serait qu'un roseau, roseau pensant, roseau lettré, mais toujours roseau* : « Prenons bien garde, en voulant soustraire les instituteurs à la protection parfois abusive des préfets, de leur faire échanger le solide bouclier qui les couvre pour un bouclier de carton [2]. »

Néanmoins la *Revue de l'Instruction publique* est libérale de cœur. Elle a très bien discerné dans quel ordre d'idées elle pouvait servir sa cause. Elle a pris par avance pour maxime une réflexion qu'un de ses directeurs, Robinet, y exprimera le 26 janvier 1857, savoir que la lutte n'était plus en Europe entre les libéraux et les conservateurs, mais entre les cléricaux et leurs adversaires. Le parti ultramontain, fort de l'appui qu'il avait donné au 2 décembre, n'entendait pas s'en tenir à ses conquêtes de 1850 ; le Gouvernement, de son côté, n'entendait pas se soumettre à lui, mais le ménageait fort. Les ultramontains pous-

---

1. N° du 16 mai 1864.

2. N°s des 14 et 21 mars 1867 ; ç'avait été au reste, trois ans plus tôt, l'avis de Cournot (*Ibid.*, 21 janvier 1864).

saient donc leurs chances et attaquaient l'Université de
toutes leurs forces, incriminaient les croyances de ses
maîtres et leur latin. La *Revue de l'Instruction publique*
justifiait contre eux, et c'était la partie aisée de sa tâche,
l'étude des auteurs payens ; elle défendait l'Université en
citant de nombreux extraits des discours de distributions
de prix qui attestaient l'impeccable sagesse des maîtres, et,
de plus, elle ripostait vertement. Le 9 septembre 1852,
elle appelait Veuillot *le premier bedeau de France* et disait
qu'*il sonnait le couvre-feu des intelligences*. Elle dépensa
dans cette polémique une verve brillante et qui ne dépassa
presque jamais les bornes.

Mais la guerre à l'ultramontanisme offre dans la *Revue
de l'Instruction publique* un autre caractère, qui s'explique
par l'action personnelle de Louis Hachette. Hachette était à
la fois un libéral tolérant pour toutes les opinions, dévoué
à la science, au progrès, et un homme parti de rien qui
voulait arriver à l'opulence par des services rendus au
public et tout d'abord à ses collaborateurs. Chassé de
l'Ecole Normale sous la Restauration, il avait de bonne
heure groupé autour de lui un certain nombre de com-
pagnons de disgrâce et commencé sa fortune par des
éditions scolaires telles qu'on n'en avait jamais vu. Il fit
sous l'Empire un nouvel appel aux fugitifs de la rue
d'Ulm, notamment pour sa « Bibliothèque des Chemins de
Fer » dont 150 volumes avaient déjà paru en juin 1854.
Il était devenu, comme on l'a dit, *le plus grand propa-
gateur de livres de tout le siècle*, en s'appliquant à propor-
tionner le gain des auteurs aux bénéfices qu'ils lui pro-
curaient ; mais il imagina encore autre chose ; il offrit
aux brillants sujets qui lui apportaient leurs prémices un
nouvel appât, celui d'une entière liberté. Il les laissa
se juger l'un l'autre et il faut avouer que les fringants normaliens de 1847 et 1848, About, Weiss, Prévost-Paradol,
surtout Taine qui prépara dans la *Revue* ses *Essais*, ses
Philosophes français du XIXe siècle, se ménagèrent peu
réciproquement ; tandis que ceux de l'époque précédente,

Vapereau, Julien Girard, mêlent la cordialité à la franchise en jugeant l'un Chassang, l'autre, About (8 janvier 1863 ; 18 août 1864), Weiss traite Taine et About en camarades en ce sens qu'il les appelle souvent par leur nom tout court, mais surtout les traite en hommes dont il n'est pas intéressé à grandir la réputation : « De bonne heure, dit-il du premier, il se rompait la main aux démonstrations risquées[1] »; il le jugeait avec une spirituelle mais désobligeante pénétration : « Je n'aime de M. Taine ni ses principes, ni sa méthode de composition, ni même toujours son style », il l'appelle un des rares esprits qui subsistent par eux-mêmes, mais trouve qu'*il a toujours l'air de s'enfermer dans des rectangles d'où il éclate*, que son ingénieuse finesse cache beaucoup de *brutalité ;* d'ailleurs *le rétablissement de l'Empire dans l'État et l'invasion triomphante du système de M. Taine dans l'ordre intellectuel sont des faits connexes, l'un aide l'autre*[2]. A Edmond About, Weiss donne beaucoup d'éloges, mais où le cœur n'est pas[3]. About, moins excusable encore, met en relief la

---

1. N° du 1er avril 1858.

2. A propos des *Essais de critique et d'histoire*, en 1859.

3. Article précité du 1er avril 1858. Voir aussi pour l'étude de son caractère (outre un article où, tout en louant Laboulaye, il a bien l'air de dénoncer ses épigrammes politiques, 21 février 1856), les pages dédaigneusement bienveillantes pour l'*Année littéraire et dramatique* de Vapereau qui n'avait pas fait à son gré une place suffisante aux critiques de la presse quotidienne (7 juillet 1859). Dans un article d'un style truculent, Weiss laisse entrevoir qu'*il ronge le frein de l'obscurité ou, ce qui pis est, de la demi-réputation, tandis que des faquins dont la nullité crève les yeux emplissent les journaux :* il méprise ces *gros volumes, fruit de travail pédant et bœuf, dont nous daignons nous occuper dans des feuilles légères qu'on lit vite, qu'on prise peu et qui pourtant nous coûtent tant d'effort de pensée, de soin de bien dire* (30 décembre 1858). Son article du 23 février 1860, sur l'inconvénient d'attaquer à outrance un Gouvernement, fort sensé en soi, fait pressentir l'homme qui donnera à quelques années de distance comme une profession de foi radicale son mot célèbre : « La République conservatrice est une bêtise. » Un autre article de lui me parait louche, celui du 25 avril 1856, où il enveloppe dans un égal dédain la Satyre Ménippée et les hommes de Juillet qui l'admiraient : autant d'égoïstes, selon lui, et il dirait volontiers d'hypocrites: ce n'était probablement pas aux libéraux du second Empire que ce jour-là il comptait plaire. Ce qui ne l'empêche pas de s'offrir clairement aux *Débats* (7 avril 1859), de même que Taine, souvent cassant, ménage Guizot et Sacy.

faiblesse d'un malheureux travail d'un élève de l'Ecole d'Athènes que du moins il ne nomme pas.

Ce n'est pas tout. Hachette, d'accord avec ces jeunes gens sur les nécessités de l'heure présente, les laissait y pourvoir à leur façon. Il leur permettait d'aller en philosophie bien au delà de la presque totalité des universitaires d'alors, de pousser jusqu'au scandale. Avec Renan, la *Revue de l'Instruction publique* ne se compromit pas trop, du moins pendant les premières années [2]. Ce fut surtout le spiritualisme qui y subit de durs assauts. Taine s'y montra, dès ses premiers articles, matérialiste : « Notre esprit est une machine construite aussi mathématiquement qu'une montre [3] », et l'on sait qu'il y attaqua avec acharnement et quelquefois avec trivialité Cousin, sans respecter beaucoup plus Royer-Collard et Maine de Biran.

Cependant Hachette avait voulu faire du bruit, mais non pas mener une campagne suivie contre le christianisme, encore moins contre le spiritualisme. Dès 1855, la doctrine de Taine fut discutée dans sa feuille par Caro avec autant d'intelligence que d'éclat ; le 17 janvier 1861, Janet y écrivait : « M. Taine est un systématique et n'est pas un théoricien ; ses vues générales sont peu neuves et peu profondes..... ; il est très fort dans l'analyse et très faible dans la synthèse ». Caro et lui demeuraient fidèles à Cousin [4] ; Vapereau, qui abandonne Cousin à Taine, défend contre lui Royer-Collard, Jouffroy et principalement le spiritualisme ; il raille le système de la *faculté maîtresse* qu'il ramène à la *grande fantasmagorie* de Cousin se faisant

---

1. No du 24 août 1854.

2. Un article du 2 septembre 1869 sera nettement favorable au scepticisme de Renan ; et, dès 1862, Jacques Denis avait exprimé le regret qu'Aubé, dans une thèse sur Justin, n'eût pas porté plus loin le doute et la négation (25 septembre).

3. 19 juillet 1855.

4. Nos du 25 août 1863 et du 14 novembre 1864. La *Revue de l'Instruction publique* accordait qu'il y avait du vrai dans les cinq articles lancés par Rossignol contre la fameuse traduction de Platon, mais qualifiait les critiques d'inconvenantes, de mesquines.

fort de deviner le caractère d'une nation d'après la géographie : « M. Taine égale, s'il ne les dépasse, les hardiesses de M. Cousin..... ; il a pour son propre compte le plus grand dédain de ces mêmes faits dont il a un sentiment si vif quand il s'agit de les tourner contre ses adversaires.. Après s'être enivré pour longtemps du vin trop généreux de la métaphysique allemande, il ne s'est souvenu du verre d'eau qu'il avait par précaution sous la main que pour le jeter à la figure des gens moins ivres que lui. » (5 février 1857). Paradol disait à peu près la même chose, et glissait un mot sur l'inopportunité d'attaquer les hommes de tribune au moment où la tribune avait perdu sa puissance [1]. Quant à Renan, sa doctrine est réprouvée par Ad. Garnier, F. Baudry, Janet[2]. Vapereau vantait le talent de Renan, mais regrettait de le voir se complaire dans le scepticisme et la vanité (5 octobre 1859). Auguste Comte, en particulier, a payé pour Cousin ; Caro l'a proprement exécuté dans trois articles moins profonds que gais, où *l'algèbre incompréhensible*, le *lyrisme épais*, les billevesées sur le grand Etre et les indécences sur les femmes passent un mauvais quart d'heure[3].

Il est vrai que dans les Revues plus nettement orthodoxes, la polémique contre les sceptiques prenait un tour plus incisif : c'est dans le *Journal général*, dans la *Revue Contemporaine* que Caro fait remarquer que la jeune école positiviste possède une *stratégie savante, l'art de concilier les alliances les plus inattendues*, que Renan est moins courageux qu'il ne croit, qu'il est *très habile à décliner les conséquences monstrueuses de ses principes*[1]. Caro donne là clairement à entendre que l'école nouvelle ne dit pas son dernier mot, attend le moment propice, circonscrit ses attaques ; il se moque du pathos de Taine célébrant les

---

1. 12 juin 1856.
2. Articles respectifs des 13 décembre 1855, 28 juillet 1859, 17 janvier 1861.
3. Spécialement le 25 janvier et le 1er mars. Voir encore un article de Guardia, 2 juin 1861.

ondulations de la face sereine de la formule qui à elle
seule créa l'univers : il plaisante son imperturbable assu-
rance, lui reproche « cette sécheresse, cette dureté, cette
raideur d'une philosophie glaciale et stérile qui réduit la
plus noble des sciences à n'être plus qu'un instrument de
classification. »

L'indépendance de la *Revue de l'Instruction publique* se
marquait davantage, comme il est naturel, dans la pédagogie. Elle ne risquait rien à soutenir la prééminence des
études littéraires contre les amateurs exclusifs des sciences
et de l'industrie ; mais elle demandait qu'un esprit nouveau
animât l'enseignement, qu'on laissât aux élèves plus de
temps pour la lecture, qu'on leur enseignât à juger les
auteurs et non plus seulement à les imiter, qu'on les y pré-
parât par des leçons d'histoire littéraire, qu'on leur apprît
à exposer leurs idées de vive voix et non plus seulement
par écrit[1]. Toutefois elle n'a pas dressé une tribune pour
les mécontents. C'est dans les *Mémoires de Gaston Phébus*
d'Assolant[2], dans les *Souffrances du Professeur Deltheil*
de Champfleury, dans *Etienne Moret* de Sarcey[3] et dans
ses *Souvenirs de jeunesse*[4] qu'il faut chercher la peinture
des ennuis que la routine s'adjoignant à la politique infli-
gea aux novateurs, et il y faudrait faire la part de l'exagé-
ration : le froc n'est pas si lourd à porter que le disent
ceux qui l'ont jeté aux orties. Lorsque Eugène Véron, le
seul qui ait déroulé ces doléances dans la *Revue de l'Instruction publique*, déclara que ses innovations lui avaient
valu une persécution qui avait fini par lasser sa patience,
Demogeot répondit avoir été récompensé pour ces mêmes
innovations[5]. Cependant Véron maintint son dire ; une

---

1. Voir, par exemple, un article de Chéblet, 11 décembre 1860, et un de
B. Jullien, 24 janvier 1861.
2. Paris, Faure, 1867. Son *Marcomir, histoire d'un étudiant*, n'a rien
à voir avec l'Université.
3. Paris, Calmann-Lévy, 1876.
4. Paris, Ollendorf, 1885.
5. *Revue de l'Instruction publique*, 3 décembre 1863. Noté comme
plus fait pour l'enseignement supérieur que pour le secondaire, et aussi

note de la rédaction montre qu'elle lui donnait raison, et le dossier de Véron aux Archives semble indiquer qu'il endura des traverses. Ecoutons donc la très curieuse lettre où il narre le cas d'un professeur qui n'est autre que lui-même; ce professeur, dit-il, pour avoir voulu que les élèves récitassent d'une façon intelligente, qu'ils fissent des lectures, des analyses orales, fut ballotté d'un petit lycée à un autre jusqu'au jour où, dégoûté, il donna sa démission; l'Inspection générale n'inspire à l'infortuné qu'une admiration modérée; et surtout le proviseur est d'ordinaire, selon lui, un fonctionnaire peu gradué, jadis maître médiocre, qui proscrit tout procédé non prescrit par le règlement, accable les débutants de conseils tant qu'ils cèdent; puis, s'ils lui tiennent tête, surtout s'ils l'embarrassent par leurs répliques, le conseiller paternel fait place au chef impérieux : « L'homme s'éclipse, le masque reste et j'ai vu quelquefois que ce masque n'était pas beau. » Véron n'est pas un esprit très sûr; il ne juge pas très bien le *Cid* et *Polyeucte;* il s'imagine qu'en invitant les élèves à préparer un auteur dans une traduction, on les mettra tous en état d'expliquer en classe cent vers couramment; on conçoit qu'il ait pu inquiéter proviseurs et inspecteurs; mais il y a beaucoup à retenir dans sa critique de l'abus des devoirs écrits entretenu par la crainte de laisser la bride sur le cou aux paresseux, *à qui l'on fait trop de sacrifices;* et il avertit au surplus que les élèves ne tireront profit de la lecture qu'à condition d'y avoir été exercés en classe; il a l'air de se croire l'inventeur de la critique historique appliquée à la littérature, mais il a raison de dire que de son temps elle est à peu près inconnue dans les lycées, et il montre avec force comment l'habitude de réfléchir sur l'histoire ferait sentir la supériorité du style de Montaigne et de Pascal sur celui de La Bruyère; il expose très bien la difficulté souvent décourageante qu'un maître

comme insubordonné, Véron fut mis en disponibilité pour refus d'introduire dans un discours de distribution de prix un mot sur nos victoires de 1859.

éprouve à faire parler ses élèves ; il dit avec justesse qu'il faudrait leur demander d'abord des observations de détail[1].

On dira que la *Revue de l'Instruction publique* émettait ces critiques durant la deuxième partie de l'Empire, sous des ministres plus commodes que Fortoul ; mais sous Fortoul même, dès la première année qui suivit le coup d'Etat, ce même Bernard Jullien qui approuvait hautement la bifurcation, osait réclamer non moins hautement la liberté des méthodes à ce ministre qui prétendait fixer heure par heure le travail des maîtres ; dans un article du 30 septembre 1852, il reconnaissait que l'Etat a le droit de régler la matière et la distribution générale de l'enseignement : « Mais toutes les fois qu'il imposera les méthodes, les procédés, les exercices, il ne fera rien qui vaille, d'abord parce que c'est une usurpation manifeste, et ensuite parce qu'il ôte au professeur le moyen de bien faire. » Il revient à la charge six semaines après, le 18 novembre, à propos du fameux cahier où Fortoul ordonnait de faire parapher par l'administration tous les huit jours l'emploi quotidiennement indiqué par les maîtres de chacune de leurs classes. Le 2 décembre 1852, il se permettait d'exprimer le regret qu'on eût donné à Nisard une chaire en Sorbonne par la raison qu'il y serait l'inférieur du doyen dont, en sa qualité d'inspecteur général, il était le supérieur : motif bureaucratique, dira-t-on ; mais blâmer une faveur accordée à Nisard dans un pareil anniversaire demandait une certaine hardiesse. Le 12 mars de la même année, il avait blâmé des actes autrement graves : puisque le ministre assure, disait-il, que très peu de professeurs ont été compromis dans nos troubles, il n'était pas nécessaire de refuser au corps toute garantie ; à la vérité, il n'était écrit nulle part qu'aucun membre de l'Université fût inamo-

---

1. Véron était un normalien de la promotion de 1846 ; il est mort en 1889 ; il a dirigé l'*Art*. — Dans le n° du 22 juin 1865, on voit ce qu'il attendait de la lecture pour les ouvriers.

vible ; mais en fait, de 1818 à 1848, on avait *respecté les positions acquises, toléré les attaques de quelques fonctionnaires ;* il était donc fâcheux que le ministre pût nommer dans les Facultés des sujets non proposés par les Facultés ou par le Conseil académique, fâcheux aussi qu'on réduisît les sessions du Conseil supérieur à deux par an, vu qu'il en résulte que toutes les affaires seront traitées par les bureaux, fâcheux enfin qu'on eût mis à la retraite des hommes dans la force de l'âge et irréprochables : « Vous comprendrez », ajoutait-il, « la tristesse de nos réflexions. »

Un trait bien curieux et singulièrement honorable pour l'Université est que cette Revue qui, on le voit en mainte page, recevait force confidences et consultations de fonctionnaires non seulement tracassés mais mal payés, ne mêlait, pour ainsi dire, jamais à ses requêtes la question d'appointements. Tous ces hommes qui menaient l'existence sobre des petits bourgeois, privés de tout plaisir coûteux, même de ceux dont ils auraient mieux profité que bien d'autres, comme les voyages, ces hommes dont souvent en province les femmes étaient obligées d'exercer un menu commerce pour que le ménage joignît les deux bouts, demandaient à leurs journaux de défendre l'indépendance du corps ; mais il ne leur venait pas à l'esprit, au moins tant qu'ils ne furent pas pleinement rassurés à cet égard, de les employer à l'accroissement de leur bien-être[1]. On cherchera longtemps pour trouver à ce sujet un vœu sous Fortoul ou sous Rouland, et encore ce vœu est-il arraché par des mesures menaçant les professeurs dans des compensations qui n'étaient même sérieuses que dans les classes à examen : quand Fortoul supprima à peu près les répétitions par la défense d'en donner à domicile et par l'institution de conférences destinées surtout aux faibles, B. Jullien, acceptant d'ailleurs les vingt heures de service imposées à la plupart des maîtres, rappela que l'Univer-

---

1. Puisse ce désintéressement leur faire pardonner de n'avoir point eu l'héroïsme de protester contre le monopole établi jusqu'en 1850 à leur profit !

sité était la moins rétribuée de toutes les administrations;
car les traitements y étaient encore en général sur le pied
de 1808[1]. On objectera peut-être qu'ils ne demandaient
rien parce qu'ils se sentaient mal vus ; mais sous le Gouvernement de Juillet l'exiguïté de leurs appointements ne
tenait pas beaucoup plus de place dans leurs journaux. Ils
en étaient si peu obsédés qu'à une date que je ne retrouve
pas, un député ayant proposé, inutilement d'ailleurs,
d'élever la somme inscrite pour eux au budget, la presse
universitaire oublia de le remercier. Lorsqu'un peu plus
tard elle réclama une portion un peu moins maigre dans
les libéralités de l'Etat, elle pensait au moins autant aux
instituteurs, dont pourtant elle n'était pas l'organe, qu'à
l'Université proprement dite ; ainsi le 26 janvier 1865, la
Revue de l'Instruction publique exposait que, si les sujets
distingués se refusaient à entrer dans l'enseignement
primaire ou le quittaient au bout de leurs dix années pour
se faire agents voyers, employés de chemins de fer, ou
commis, ce n'était pas à cause de la concurrence des
congréganistes ou de la subordination aux préfets,
mais à cause de l'insuffisance des traitements. Il est
touchant de voir que plus d'une fois les feuilles universitaires s'ingénient à se contenter de peu ; le 7 juillet 1863,
la *Revue de l'Instruction publique* reconnaît que la
nouvelle loi qu'on vient de voter sur les pensions civiles
est moins favorable que les précédentes, mais elle fait
observer que les retraites ne pourraient plus être calculées
sur l'ancien taux depuis que les biens propres de l'Université avaient été dissipés ou employés à la construction d'im-
meubles coûteux ; que d'ailleurs dorénavant elles seront
calculées, non plus seulement sur le traitement fixe mais
aussi sur l'éventuel ; que par là les professeurs retrou-
veront à peu près leur compte, et que par conséquent la
loi est aussi bonne qu'elle peut l'être. Deux ans plus tard,
un professeur ayant dit que l'Université ne devait aucune

---

1. No du 18 novembre 1852.

reconnaissance à Fortoul pour avoir permis aux professeurs de grammaire et de mathématiques élémentaires de s'élever sur place au-dessus de la troisième classe où ils étaient confinés précédemment, puisque l'avancement pécuniaire total serait de 400 francs, la *Revue de l'Instruction publique* répondit que c'était là sans doute un misérable commencement, « mais, n'en déplaise à notre correspondant, une amélioration de traitement n'est pas tout dans l'Université ; se retirer avec le grade de professeur de premier ordre flatte l'amour-propre et fait passer par-dessus beaucoup de déceptions »[1]. Et pourtant à cette époque le maximum d'un divisionnaire de Paris, et il y en avait de quarante et de cinquante ans, était de 4500 francs et, le traitement étant calculé en partie sur l'éventuel, un très bon professeur pouvait le voir diminuer, comme dans ce lycée voisin de Paris où l'éventuel était descendu de 1800 francs à 1000 francs[2].

Les professeurs montraient un peu moins de patience sur l'examen de leurs publications scolaires par l'autorité administrative ; mais c'est qu'ici l'intérêt pécuniaire se liait à un autre dont ils étaient plus jaloux, la liberté dans le choix des méthodes ; les uns tenaient pour les anciennes éditions sans notes, les autres pour les nouvelles éditions annotées ou même pour les traductions juxtalinéaires, dont, nous l'avons vu, ils espéraient beaucoup pour les explications rapides ; les premiers avaient pour eux le *Journal général*, défenseur naturel du statu quo, les autres la *Revue de l'Instruction publique* ; ceux-là allaient jusqu'à dire que le mercantilisme seul avait produit les récentes éditions ; leurs adversaires répondaient que l'argument eût pu être retourné. Un des champs de bataille était la « Grammaire latine » de Lhomond, où les novateurs dénonçaient des *énormités absurdes, ridicules*. D'ailleurs la Commission qui examinait les ouvrages sco-

---

laires était débordée ; plus de 2000 volumes attendaient leur tour. Les novateurs demandaient, non que tous fussent admis en bloc, mais que, puisque depuis 1850, deux publications scolaires seules avaient paru inacceptables, la Commission procédât plus rapidement et, sans recommander aucun livre, décidât dans les trois mois si elle interdisait ou non chaque ouvrage à elle soumis. Qu'on lise par exemple les articles de B. Jullien des 5 et 19 juillet 1860, du 3 avril 1862 dans la *Revue de l'Instruction publique*, et l'on y trouvera une vivacité de ton plus grande que dans les rares articles où la question d'argent est seule en jeu.

Il est temps de voir comment ces hommes modestes et prudents s'employèrent néanmoins, dans la mesure du possible, à réveiller l'opinion publique.

D'abord, tandis que le *Journal général* recueillait les explosions d'enthousiasme de quelques hauts titulaires de l'Université et des collégiens, la *Revue de l'Instruction publique* recueillait les regrets mélancoliques auxquels la coupole de l'Institut donnait asile. Elle se délectait comme le public lettré aux plaintes discrètes qu'exhalaient Sacy, Albert de Broglie, Falloux même au souvenir des années où l'on pouvait tout dire. Même quand le récipiendaire n'inspirait pas une vive sympathie, on se retrouvait avec plaisir entre gens plus soucieux du droit que du succès. Prévost-Paradol, qui rendait compte des séances, disait le 11 novembre 1854 à propos de la réception du fougueux Dupanloup que depuis tantôt cinq ans (c'est-à-dire depuis le 2 décembre) les séances publiques de l'Académie croissaient en intérêt: « Son langage, naguères à peine entendu, *porte loin dans le silence*. Il semble digne, franc, parfois hardi... On y vient saluer avec respect quelques visages amis..., applaudir enfin quelques idées généreuses qui ont gardé sur plus d'un esprit tout leur empire... On assiste à ses séances avec consolation et on n'en sort point sans espérance. » Toutes les allusions portaient : « Comme on applaudissait de cœur et à consoler de tout ! » disait le même Paradol à propos d'une lecture de Mignet[1].

On ne s'attend naturellement pas à ce que la *Revue de l'Instruction publique* ait arboré des principes. Et pourtant c'est bien une théorie de la liberté que présente Paradol lorsqu'il proteste que le catholicisme ne donne pas seul la quiétude aux penseurs, la prospérité aux Etats, et qu'une opposition, même point désintéressée, est utile aux gouvernements : « La civilisation moderne ne demande rien d'impossible aux hommes ; c'est de leurs faiblesses mêmes autant que de leurs qualités qu'elle tire la force et l'harmonie d'une cité libre... Dieu ne nous a pas envoyé pour nous gouverner des êtres d'une nature supérieure sur qui nous puissions nous décharger de nos affaires temporelles pour ne vaquer qu'à notre salut » (26 mai 1857). De même Weiss, lorsqu'il reprochait à Ch. de Mazade deux ou trois pages dirigées contre le protestantisme *qui n'en souffrirait guères, quelques tirades contre l'esprit révolutionnaire, manière trop commode de discuter inventée dans ces derniers temps* (10 janvier 1856). La *Revue* ne dissertait pas sur la Révolution française, mais elle approuvait ceux qui la défendaient contre ses détracteurs.

Je pourrais compter parmi les protestations sinon contre le régime d'alors, du moins contre la philosophie matérialiste qui se cachait sous la religion du second Empire, la résistance à la théorie fataliste des races. On trouvera cette protestation dans trois articles de Duruy[2]. Le premier surtout de ces articles est remarquable : il y dit nettement que c'est au nom du principe des races qu'on a fait *l'injuste guerre du Holstein et que l'Allemagne réclame tout bas, parce qu'elle n'ose le faire tout haut, la Lorraine et l'Alsace, et que le tzar étouffe la nation polonaise ;* il insiste ; il sait, dit-il, qu'il s'attaque à un dogme d'une

---

1. N° du 10 mars 1853. V. encore à propos des séances du 26 juin et du 8 août de la même année.
2. N°s des 1er avril 1852, 17 et 24 juillet 1856.

puissance redoutable, mais qu'enfin une foule de causes modifient le caractère d'un peuple et que par suite le mot de race n'a pas la portée que certains lui attribuent.

En outre, la *Revue de l'Instruction publique* s'est quelquefois essayée à la guerre d'allusions ; par exemple la première églogue de Virgile fournit à un de ses rédacteurs, le 5 juillet 1866, l'occasion à la fois inattendue et naturelle de faire entendre un accent fier : le devoir de Tityre dépossédé aurait été *de souffrir avec tous ou de protester : en pareille occurrence, accepter une faveur est une faute, la demander est un crime; Tityre n'est pas un méchant homme, mais ce sont ces braves gens-là qui servent de complices aux tyrans;* un autre louait Mignet de se refuser à croire que le succès soit la mesure des choses, de rester fidèle, *en dépit de l'expérience*, au culte de la pensée libre (14 juillet 1863). Lorsque, dans ce même numéro, Paradol maintenait contre Nisard que Tibère était un malhonnête homme, on lisait facilement entre les lignes que pour lui un autre politique récemment parvenu au souverain pouvoir en jouant tous les partis ne valait pas mieux ; ce n'était pas seulement aux empereurs romains qu'*in petto* on appliquait ce jugement : « Ils semèrent la bassesse et, dans le péril, ne trouvèrent que la lâcheté. » Etait-il plus difficile de comprendre Louis Etienne quand, après avoir dit qu'en France tout le monde avait jadis approuvé la révocation de l'Edit de Nantes, il ajoutait : « Eternelle leçon des peuples et des gouvernements, et qui prouve que l'unanimité de l'opinion publique n'est jamais une excuse! » (1er septembre 1853).

La *Revue de l'Instruction publique* osait quelquefois se prononcer sur des actes administratifs. On avait alors l'habitude fort plausible de chercher pour le Concours général des sujets propres à stimuler les élèves par des analogies avec le présent; cela n'offrait que l'inconvénient de pousser aux anachronismes ; mais quelquefois on poussait, en plus, à l'adulation, même quand on ne demandait pas ouvertement l'éloge funèbre d'un prince de la famille impériale. Or, dès 1852, la *Revue* se plaignait que, pour le discours français, on eût choisi : l'éloge par Portalis de la Constitution de l'an VIII, c'est-à-dire, au fond, de c lle de 1852, et, pour le discours latin, une lettre de César invitant Cicéron à s'unir à tous les Romains dans la joie du rétablissement de l'ordre et des lois. Les élèves étaient malheureusement entrés à pleines voiles dans l'intention de l'autorité ; l'auteur de la copie intéressante et bien écrite qui fut classée première sur ce dernier sujet, s'écriait par allusion au plébiscite : « O Cicéron, accuse Rome entière et l'unanimité du peuple romain ; supprime, si tu peux, ces innombrables suffrages qui m'appellent et, pour ainsi dire, me sacrent ! » Sans la *Revue de l'Instruction publique*, on aurait donné plus souvent de ces sujets-là.

De plus, sur un ton qui n'avait certes rien de factieux, elle laissait paraître une respectueuse sympathie pour les vaincus, pour les hommes de Juillet, à qui le second Empire marquait autant d'aversion qu'aux républicains. Laissons sa déférence aisément excusée pour Guizot[1] ; mais elle remettait en lumière un nom qui entrait déjà dans l'oubli, celui de Desmousseaux de Givré qui *avait vu la Révolution de 1848 avec regret mais sans découragement, et à qui le service du pays n'avait pas cessé alors de paraî- tre honorable*, tandis que *de nobles sentiments l'écar- tèrent de la politique* en 1851[2]. Elle marquait beaucoup d'estime au duc Albert de Broglie[3] : et elle disait net- tement d'où venaient ses égards pour ce qu'on appelait alors cet *ancien parti :* le Gouvernement de Juillet avait fondé, « *malheureusement pour un trop court avenir* », l'alliance du pouvoir et de la liberté[4]. Elle rendait justice

---

1. Voir un article de Gidel, 22 septembre 1864.
2. Article nécrologique par Prévost-Paradol, en 1855.
3. Article de Paul Mesnard, 24 juillet 1853, d'Hipp. Rigault, 14 avril 1856.
4. Article d'Hipp. Rigault, 17 mai 1855.

aux protestants que le *Journal général* n'aimait guères[1] ».

Elle témoigne un intérêt compromettant pour les vaincus du jour, les professeurs qui ont préféré la démission au serment ; elle énumère les hommes distingués que l'Université vient de perdre ainsi ; elle accompagne de ses vœux Jacques, dont la carrière « *devait être brillante* » et qui part pour Montévidéo « emportant les regrets et les encouragements de ses collègues », Alex. Thomas qui vient d'ouvrir à l'étranger un cours très suivi ; elle accorde qu'en sa qualité d'Inspecteur d'académie, Anot de Maizières ne devait pas se déclarer publiquement contre la réforme de Fortoul, mais elle estime qu'il y a des réflexions très juste dans sa brochure[2] et s'afflige de sa révocation[3]. Elle avertit qu'on a condamné Vacherot pour des phrases qui, isolées, semblaient viser Dieu mais ne visaient que le panthéisme. Elle se réserve sur la portée sociale des œuvres de Victor Hugo, ne fait à son exil que des allusions courtes, d'ailleurs sympathiques, ne s'interdit pas toujours de railler les idées abracadabrantes dont il émaille ses livres, mais parle en résumé de lui avec respect ; Vacherot, tout compte fait, appelle *la Légende des siècles* un livre de maturité et de progrès[4]. La *Revue* s'attache plus particulièrement à Jules Simon, le plus séduisant et aussi le plus actif des universitaires chassés par le 2 décembre. Quelques-uns de ses rédacteurs mêlaient à leurs éloges quelque crainte sur la solidité de ses doctrines ; Géruzez le trouvait plus prêtre que professeur : « Que n'eût-il pas fait dans la chaire évangélique! »; Taine ne jugeait pas l'éclectisme mieux fondé chez lui que chez Cousin ; mais le premier admirait en lui la passion et la

---

1. Voir entre autres, dans la *Revue de l'Instruction publique*, un article d'Arthur Arnould du 5 février 1863 et un de Pierre Mercier du 12 mars de la même année.

2. Anot y avait dit *gémir de voir faire une sorte de guerre à la pensée et à la conscience humaines.*

3. Articles des 3 et 10 juin, 22 avril, 29 juillet 1852.

4. Voir sur Hugo *Revue de l'Instruction publique* du 24 juillet, 10 septembre, 11 décembre 1856. 5 janvier, 16 décembre 1860, 24 avril 1864.

sincérité, sources de la véritable éloquence : le deuxième, qui avait été son élève, lui avait même un moment, comme subjugué, accordé *l'autorité de la science* et, avec une chaleur peu fréquente chez lui, persistait à s'incliner devant « son grand cœur, son beau style, son éloquence vraie, sa *noble conduite et les protestations politiques que sa philosophie couvre et ne cache pas* ». A plus forte raison, un autre ancien élève, Caro, le louait avec un enthousiasme affectueux. Tous s'intéressaient à l'apostolat entrepris par J. Simon pour réveiller les consciences à une époque où, disait un d'eux, on entendait couramment « faire l'éloge de la force, distinguer une grande morale et une petite, parler avec mépris de la liberté, condamner la philosophie dans le pays d'Abélard et de Descartes, maudire la Révolution de 1789 sur cette terre qu'elle a sauvée et qu'elle protège[1]. » On applaudissait au succès du *Devoir*, de la *Religion naturelle*, de la *Liberté de conscience*, de la *Liberté*, aux fréquentes rééditions, aux traductions qu'on en faisait[2] ; on suivait avec une affectueuse curiosité « *la pérégrination philosophique sans précédent* » qui l'entraînait en 1856 à travers la Belgique émerveillée. Enfin Caro, à propos de l'*Angleterre au dix-huitième siècle* de Rémusat, constatait joyeusement qu'on assistait en France à « *une vraie renaissance de la littérature politique* » due à de nobles esprits écartés de la tribune ; il ne cachait pas sa sympathie pour eux, pour la liberté de la Grande-Bretagne que le monde officiel alors regardait avec dédain[3].

---

1. Voir les articles de Géruzez des 29 mai et 22 décembre 1859, de Taine des 6 décembre 1855 et 4 septembre 1856, de Caro des 29 décembre 1853, 5 avril 1855, de Ch. Braine du 22 décembre 1853, de V. Filliaz du 5 avril 1855, de Paradol du 28 juillet 1855, de Fréd. Morin du 4 novembre 1858.

2. Notons, en passant, que J. Simon, dès 1858 au moins, faisait partie (avec Despois) du Conseil des anciens élèves de l'École normale

3. 7 août 1856. — La *Revue* s'intéressait aussi au réveil de l'Italie ; voir un article de G. Antoine sur la presse italienne, 5 juillet 1855, de A. Claveau, sur les Nouvelles piémontaises de Bersezio, 30 juin 1859. Le 13 janvier 1858, Perrens dément le bruit de sa nomination à l'Université de Turin. Ailleurs, la *Revue* note le succès de Jacques Denis à la même Université.

A lire le *Journal général* et la *Revue de l'Instruction publique*, voici à peu près l'idée qu'on se forme de la place qu'occupe l'enseignement dans l'esprit des Français vers le milieu du second Empire, à la fin du ministère de Rouland. Le public n'attachait à sa cause qu'un intérêt médiocre, mais les passions s'étaient apaisées; la chute du monopole universitaire et la défaite de l'anarchie avaient calmé les colères des catholiques, les craintes des conservateurs; restaient deux partis, l'un qui souhaitait (d'ordinaire avec calme) que l'Université fût mise en état de rendre plus de services, l'autre qui attendait encore plus patiemment; le premier, représenté par la *Revue de l'Instruction publique*, le second par le *Journal général*. Sous Duruy, les craintes, surtout les colères vont se réveiller et, chose curieuse, il va se former un troisième groupe qui voudra bien des réformes, mais non du ministre réformateur.

Ne nous laissons pas égarer par ces récriminations! Duruy fut incontestablement, au total, un ministre remarquable et qui a fait beaucoup de bien; il a le premier embrassé toutes les questions relatives à l'instruction publique et les a abordées avec une longue expérience du professorat, avec une expérience courte mais appréciable encore de l'administration, avec les lumières que lui fournit une vaste enquête pratiquée sur son ordre en France et à l'étranger; M. Lavisse l'a définitivement montré [1]. Mais Duruy procéda-t-il de la meilleure manière ? Il est permis d'en douter.

D'abord il avait le malheur d'arriver au pouvoir avec la réputation de libre penseur. Les journaux religieux, sous Fortoul, l'avaient attaqué à plusieurs reprises et avaient fini par obtenir que le ministère lui adressât des *observations sévères* et exigeât la suppression immédiate de certains passages de ses livres [2]. Voilà pourquoi des mesures qui,

---

1. *Un Ministre, M. Duruy.*

2. *Journal général*, 1er mars 1853. Dans son *Histoire sainte*, en outre, il donne clairement à entendre que les miracles ne sont que de la poésie.

présentées par Rouland, n'auraient peut-être alarmé personne, soulevèrent de violents éclats[1].

Puis, Duruy ne se pénétra pas suffisamment des circonstances ; il ne tint pas assez compte de l'œuvre qu'avaient accomplie d'un commun accord le temps et Rouland. Lorsqu'il prit le ministère, le Gouvernement avait renoncé depuis six ans à molester l'Université qu'au reste il n'avait jamais voulu détruire[2]. Rouland avait pansé de son mieux les plaies du corps enseignant, dont chaque année au Concours général l'orateur lui exprimait chaleureusement la reconnaissance. Une bonne volonté tiède, si l'on veut, mais sincère, s'offrait donc au nouveau ministre. D'autre part, ni le gouvernement ni la nation n'étaient d'humeur à rogner les budgets de la Guerre, de la Marine ou des Travaux publics en faveur de son département; ils n'entendaient pas davantage grever trop sensiblement les contribuables à son profit. Sur ces deux points, Duruy se méprit. Il s'exagéra, non pas son mérite (car il était modeste et patriote), mais tour à tour les bonnes et les mauvaises chances. La rapide élévation qui en deux ans l'avait porté d'une chaire de lycée, que dis-je ? d'une demi-disgrâce, à la rue de Grenelle, le goût que l'Empereur avait pour sa personne, le firent trop souvent parler et agir comme un homme qui trouve tout à faire et qui fera tout. Encore une fois, ce n'était pas orgueil, et Rouland ne s'y trompa pas, du moins le jour où il se prononça vigoureusement pour lui au Sénat. Néanmoins Duruy, comme diraient les Italiens, mit trop de viande sur le feu ; il n'entama pas tout à la fois, mais il entama trop de choses en six ans. Fort de ce qu'avait fait

---

1. Par exemple, les cours pour jeunes filles fondés par les professeurs des lycées sous les auspices de Duruy (il existait depuis longtemps en plein Paris des cours laïques pour jeunes filles, très estimés et dont le clergé ne s'était jamais plaint) ; par exemple encore, le refus d'étendre aux congréganistes de l'enseignement libre la dispense du service militaire dont jouissaient les congréganistes des écoles communales.

2. Fortoul surveillait les progrès des institutions congréganistes et les eût arrêtés au besoin. (V. dans la *Revue de l'Instruction publique* du 29 juillet 1852, le tour qu'il joua un jour à leurs patrons au Conseil supérieur.)

Rouland, il avait raison de vouloir faire davantage ; mais il dépassa la mesure.

Certes son ardeur fut communicative. Jamais sans lui, la mode des conférences, importée d'Angleterre en 1860, n'eût pris de pareils développements. Les sociétés qui en donnaient surgissaient des pavés ; il s'en ouvrit, rien qu'à Paris, rue de la Paix, rue Cadet, au Grand Orient, rue Bonaparte, rue Scribe, au quai Malaquais, rue du Château-d'Eau, à la salle Barthélemy, à la Sorbonne, que sais-je encore ? En province, même zèle [1]. De véritables tours de force s'accomplissaient : du 15 mars au 14 avril 1865, Em. Deschanel donna au total en Belgique où il faisait tous les ans une tournée oratoire, à Paris et en province 22 conférences ; l'année précédente, en 20 jours, il en avait donné 17 dans autant de villes et sur autant de sujets différents ; un jour, rue de la Paix, le conférencier attendu fait défaut, Richard Cortambert qui se trouve dans l'assistance s'assied au fauteuil et improvise une conférence sur les grands explorateurs du dix neuvième siècle [2]. Sans conteste, c'est Duruy qui avait soufflé sur ce feu. De même pour les cours d'adultes qui à sa voix se multiplièrent. En 1865, on constatait que les Sociétés savantes venaient d'en organiser 169, les Sociétés industrielles 18, les municipalités 253, les Chambres de commerce 11, les préfets 20, etc. ; et Duruy disait vrai en affirmant que, loin de faire déserter les Facultés, cette diffusion de l'enseignement en avait augmenté les auditeurs, que les lycées y avaient gagné, *qu'on s'était étonné de tout ce qui se cachait de goût et de savoir derrière leurs murs* [3]. Le nombre des cours libres qui entre 1847 et 1856 était tombé de 6878 à 4037, et n'était remonté en 1863 qu'à 4394, dépassait, à la fin de 1865, 18 500 [4].

---

1. A Paris, les professeurs de lycées ne donnèrent pas d'abord : le grand public s'effrayait alors un peu des hommes de collège ; ils furent plus hardis en province, faute de lettrés purs.
2. *Revue de l'Instruction publique*, 6 avril 1865, 29 décembre 1861.
3. *Ibid.*, 27 avril 1865.
4. *Ibid.*, 18 janvier 1866.

Mais tout cela n'allait pas sans de graves inconvénients. Ne chicanons point sur le profit net que le grand public tire des conférences, puisqu'il peut en rapporter d'utiles impressions ; toutefois, il n'y arrivait pas dans les dispositions calmes qu'y apportait par exemple la population satisfaite de Berlin[1]. Etait-il sage de délier tout d'un coup la langue des lettrés, de les presser de prendre la parole après dix ans de silence forcé? Sans doute, au début du ministère de Duruy, l'Empire n'avait pas fourni contre lui de nouveaux griefs par le Mexique et Sadowa ; mais n'allait-on pas se rappeler le prix dont on avait payé l'ordre? Une autorisation préalable était nécessaire pour chaque conférence, et le sujet n'en pouvait être que littéraire ou scientifique, mais qu'il est difficile de définir les matières ! et la nécessité de solliciter la permission pour des causeries qu'on réputait inoffensives ne rappelait-elle pas à des gens qui l'oubliaient, qu'ils n'étaient pas libres[2] ? On nous dit qu'orateurs et auditeurs furent d'une sagesse exemplaire, en particulier dans les conférences populaires faites en 1864 en faveur des blessés polonais : les *Débats* certifient que les ouvriers y applaudissaient avec fracas, puis redevenaient silencieux, profondément attentifs, comprenant qu'il ne fallait pas compromettre une liberté reconquise[3]. Mais, si l'on ne commettait pas d'imprudences à certains jours, on en commettait à d'autres : le 19 janvier 1865, la *Revue de l'Instruction publique* analyse une conférence de Jules Vallès sur Balzac, la qualifie de spirituelle, d'éloquente, mais dit qu'il s'est fait surtout applaudir par

---

1. Voir un curieux témoignage de M. Gaidoz sur la prospérité des conférences à Berlin. *Ibid.*, 8 février 1866.

2. Que devaient penser F. de Lasteyrie, Ed. Charton, Laboulaye, Legouvé, Littré, H. Martin, etc., lorsque le préfet de police leur refusait de faire des conférences au profit d'ouvriers sans travail parce qu'il avait déjà, disait-il, refusé cette autorisation à des personnes offrant, il est vrai, moins de garanties et que, d'ailleurs, les sujets proposés rentrant dans le cadre des Facultés, il y faudrait l'agrément du ministère de l'Instruction publique ?

3. Voir *Revue de l'Instruction publique*, 19 et 26 janvier 1865 ; *Journal général*, 23 mars 1864.

l'appel aux passions de la foule. De là, de la position fausse de Duruy parmi des collègues dont les tendances différaient des siennes, des hésitations toutes naturelles mais fâcheuses [1].

Les cours d'adultes avaient une efficacité plus réelle que les conférences, quoique Duruy s'en exagérât la portée; mais comment fut obtenu ce merveilleux concours de bonne volonté? Certes, dans une foule de cas, le dévouement était spontané; mais on nous dit que 4 150 instituteurs dépensèrent pour installer ces cours 90 000 francs, à une époque où la plupart d'entre eux ne touchaient pas dans leur retraite 100 francs par an : Duruy avait-il le droit d'accepter cette abnégation? Se borna-t-il même à l'accepter? Ne la laissa-t-il pas provoquer? Un journal qui, à la vérité, ne l'aimait pas, assure que des instituteurs furent tourmentés à ce sujet [2]; accusons l'excès de zèle des sous-ordre : mais Duruy ne pouvait-il pas soupçonner ce résultat de ses prédications retentissantes?

Nous touchons ici au point délicat. Duruy voulait entraîner; il lançait des principes, il décrétait des fondations avant d'avoir l'argent nécessaire, semblable à ces curés qui, par la hardiesse de leurs pieuses dépenses, édifient leurs paroissiens et effraient leurs évêques : merveilleux pour trouver des fonds par les économies et par la persuasion, il n'en trouvait pas autant qu'il en aurait fallu; alors on y parait par des virements de fonds, ou bien les effets ne suivaient pas les paroles. Il payait pour les préfets qui continuaient à déplacer les instituteurs peu dociles aux candidats officiels [3]. L'Empereur le laissait agir et surtout parler, mais ne l'appuyait pas ouvertement. Encore le mortifia-t-on une fois d'une manière assez sanglante; après

---

1. Le jeune Cavaignac, après l'incident célèbre de la distribution du Concours, fut exclu de Charlemagne, puis réintégré, puis transféré à Louis-le-Grand.

2. *Journal général*, 7 avril 1866.

3. Voir un discours très étudié du député Delamare à la Chambre, 1er mars 1867.

l'avoir laissé emplir quinze ou vingt colonnes du *Moniteur*
avec l'éloge de l'enseignement gratuit et obligatoire, on y
inséra que ce Rapport ne présentait que ses idées person-
nelles, et le *Courrier du Dimanche* triomphant s'écria qu'il
était de bonne composition pour ne pas donner sa démission
sur ce soufflet [1]. Dans cette question, Duruy s'était avancé
bien étourdiment ; quantité de libéraux mêmes ne voulaient
alors ni de la gratuité absolue qui est absurde, ni de l'obligation qui est juste mais impossible à pratiquer sérieusement
quand la pluralité ne s'y prête pas [2]; l'opinion était telle-
ment opposée à l'une et à l'autre que le Corps législatif, les
rejeta par 223 voix contre 17. Duruy était un enthousiaste :
de là, sa faiblesse en même temps que sa force ; il s'imagi-
nait que si l'enseignement populaire était gratuit ou du
moins à très bon marché, il en résulterait pour la richesse
et la morale de la France un magnifique développement ;
il croyait que l'instruction obligatoire ferait jaillir le génie,
transformerait le monde, sauverait les nations *écrasées
sous le poids d'une société dédaigneuse ou indifférente* [3].
Il inventait expédient sur expédient, acceptant aujourd'hui
(juillet 1865) pour intéresser l'armée à l'instruction publique, que le quart des places d'instituteurs dans les écoles
qu'on allait créer fût réservé à des sous-officiers, recrues
un peu hétéroclites, proposant un autre jour (1868) une
fête annuelle où l'on ferait concourir les meilleurs élèves
d'une division des écoles communales; puis les lauréats de
chaque commune concourraient avec ceux des autres
communes du canton, et ainsi de suite : cette dernière
idée ressemble assez à la fête grandiose qu'un éminent mé-
decin d'Italie, M. Guido Baccelli, lorsqu'il était ministre
de l'Instruction publique, avait imaginée pour associer

---

1. Cité par le *Journal général* du 5 avril 1865.
2. Eug. Véron, favorable à Duruy, l'avait très bien expliqué, *Journal
général*, 18 août 1864, 5 avril 1865.
3. Discours au Concours général en 1865. Remarquez l'imprudence des
dernières paroles dans la bouche d'un ministre.

l'école au reboisement des montagnes, et ces deux hommes se ressemblent un peu.

Enfin, Duruy pensait par lui-même, mais il aimait à penser tout seul et à surprendre par la production d'idées inattendues, tour d'esprit qui plaisait à Napoléon III, d'autant que ces idées s'accordaient avec les inclinations du souverain ; mais les œuvres qu'un homme politique a le plus de chances de mener à terme sont celles qu'il a conçues de compte à demi avec son entourage, du moins dont il a perfectionné le plan avec lui. Duruy ne s'est jamais montré pressé de recevoir les conseils de ses pairs, d'affronter leur contradiction ; les journaux ne lui faisaient pas peur, mais il souhaitait peu le contrôle d'une Opposition constituée en dignité. Démocrate, oui ; libéral, non : c'est l'explication anticipée de la froideur, de l'hostilité qui tout à l'heure nous surprendront.

C'était un homme intègre, mais il mêlait à une ardeur souvent imprudente un peu trop de savoir-faire. On a eu raison de repousser la qualification de *faiseur de petits livres* pour un écrivain qui, en même temps qu'il suscitait d'excellents manuels, composait les deux premiers volumes d'une savante *Histoire des Romains*. Néanmoins un homme qui, de 1837 à 1861, tout en faisant sa classe, et depuis 1861, tout en faisant ses tournées d'inspection, dirigeait une Histoire universelle comprenant plus de 25 ouvrages dont quelques-uns en plusieurs tomes, et 10 de sa propre façon, devait à certains jours travailler d'une certaine manière. Sa voix lente et monotone faisait un peu illusion sur son caractère ; il était non seulement spirituel mais, par instants, facétieux ; sans parler d'un article humoristique où il recommandait un véhicule d'un prix modéré qu'on faisait aller avec ses pieds sans effort, qui, parcourant 8 kilomètres en 35 minutes, permettrait à un professeur de Paris d'habiter Versailles ou Saint-Germain [1], il a écrit à 49 ans pour le *Tour du Monde* une relation de voyage en

---

1. *Revue d'Instruction publique*, 22 décembre 1856.

Allemagne, fort intelligente et que Victor Noir avait tort
d'appeler un roman comique, mais qui n'en est pas moins
parfois d'un tour assez leste : « Combien de romans (du
temps des diligences) commencés dans le coupé, qui, à
quelque temps de là, finissaient à l'église ou autrement ! » ;
il y jetait quelques anecdotes galantes où il ferait même
soupçonner d'abord la part du diable plus grande qu'elle
n'est [1]. Mêlez à cette pointe de malice, son attachement
pour l'Empereur, les difficultés de sa position, et vous
comprendrez comment même des gens sans parti-pris ont pu
juger qu'il y avait chez lui à la fois ingénuité et manège, lui
attribuer *un système d'indiscrétions habiles* et qualifier ainsi
sa manière : « la témérité candide du plus sincère et du
plus compromettant des ministres de l'Empire » [2]. Cet
homme sans ambition, qui le lendemain de sa chute se
remit philosophiquement à l'Histoire des Romains, énonça
à certains jours des assertions que dans une autre bouche
on qualifierait vertement. Lorsque, pour suffire à quelques-
unes de ses créations, il supprima la chaire de Droit des
gens de Strasbourg, il dit que les Allemands pouvaient
dorénavant venir étudier cette science à Paris, comme si
une Faculté n'était faite que pour les étrangers limitrophes ;
mais que dire de cette apologie de la nomination des instituteurs par le préfet qu'il aurait, dit-il, été capable d'in-
venter au besoin : « Le préfet n'est pas autre chose que le
père de famille de son département » ! Et ce n'est encore
rien auprès du dernier mot de sa première harangue au
Concours général : « L'homme le plus libéral de l'Empire,
c'est l'Empereur. »

Duruy, un peu par sa faute, eut contre lui non pas uni-
quement les ultramontains, mais leur ennemi Dupanloup ;

---

1. Quelques expressions sont gaillardes : *une femme qui doit tout
savoir et ne rien craindre.* — Ces articles furent réunis en 1864 alors
qu'il était Ministre (*De Paris à Bucharest*, Hachette). Mes citations
sont aux pages 7, 47, 118.

2. Expressions du *Temps*, citées dans le *Journal général*,
16 août 1865.

toutefois certains ont dit qu'il dut en partie à leurs furieuses attaques son maintien pendant six ans au Cabinet, vu que le pouvoir laïque eût paru capituler en le renvoyant. Le certain est que nombre de libéraux, dans l'Université et au dehors, se séparèrent très vite de lui.

Tout d'abord il se brouilla un peu imprudemment avec un des principaux organes universitaires et précisément avec celui dont le concours lui était acquis d'avance, l'officieux *Journal général*[1]; dès la fin de 1863, il rompit le traité passé par ses prédécesseurs avec l'imprimerie Dupont, supprima la subvention de 32 000 francs qu'on lui donnait avec le privilège de publier les actes administratifs, et abandonna le *Journal des Instituteurs* qu'elle éditait également. En tout, disait-il, c'était une économie de 200 000 francs avec laquelle il donnerait du pain à 4 000 instituteurs. Dupont protesta avec amertume ; il fit valoir que l'obligation de tenir sa Revue à la disposition du Ministère était onéreuse, que son traité l'astreignait à servir 800 abonnements gratuits ; il aurait même pu (si, député ministériel, il eût osé critiquer la comptabilité de l'absolutisme) faire remarquer que l'économie promise par Duruy était illusoire puisque les ouvriers de l'Imprimerie Nationale à qui désormais on réservait la publication des arrêtés n'allaient évidemment pas travailler pour rien, ni même peut-être au même prix que ceux d'une industrie privée ; ajoutons que Duruy finit par être condamné à 10 000 francs d'indemnité pour exécution trop brusque d'une décision légale. Dupont donnait même à entendre que Duruy avait simplement voulu favoriser son éditeur et ami Hachette[2]. Duruy, au moins sur ce dernier point, répondit fort pertinemment qu'une fois publiés par l'Im-

1. Le *Journal général*, organe des défiances contre Duruy avant son avènement, l'avait cependant bien accueilli lors de son arrivée au pouvoir (N° du 4 juillet 1863).

2. Plus tard, il dira que Hachette aspirait au monopole des publications scolaires et que sa maison à lui Dupont, désintéressée dans la question, avait été priée par d'autres de combattre ces visées.

primerie Nationale les actes administratifs pourraient être reproduits par tous aussi bien que par Hachette. Mais Dupont déclara que, tout en demeurant fidèle à l'Empereur, il aiderait le Conseil supérieur à empêcher les mesures précipitées. « Vous aimez la lutte et le bruit », dirent quelques jours après les rédacteurs de son *Journal général;* et ils essayèrent de soulever les anciens serviteurs de l'Empire contre ce nouveau venu ; ils combattirent dès lors ses actes, son caractère avec âpreté ou avec légèreté : d'ordinaire, dans les questions de fait, leurs reproches sont mal fondés. Evidemment la pluralité des Universitaires, quelle que fût leur opinion sur Duruy, se refusa à lier partie avec eux ; car, au bout de peu de temps, presque tous les professeurs de marque retirèrent sans bruit leur collaboration et se réservèrent pour la *Revue de l'Instruction publique*, demeurée fidèle à Duruy. Dupont n'avait pourtant pas, on le verra, parlé pour des sourds.

Nous ne nous arrêterons pas à la polémique médiocrement piquante où les deux feuilles s'engagèrent par instants ; elles s'accusèrent même de concurrence déloyale et il semble qu'il y ait eu, des deux parts, des excès de zèle, que quelques inspecteurs primaires ou d'académie aient recommandé le journal de Hachette, que quelques vieux fonctionnaires du Ministère aient fourni à la maison Dupont des enveloppes officielles pour l'envoi de spécimens gratuits [1]. Nous nous bornerons à constater que la *Revue de l'Instruction publique* appuie Duruy aux heures difficiles [2], se laisse même gagner à la doctrine de la gratuité absolue et de l'obligation de l'enseignement primaire d'abord repoussée par elle, mais maintient la liberté de ses jugements. L'émancipation générale l'enhardit même par intervalles à le prendre de haut ; elle souffre malaisément que les auditeurs des conférences de

---

1. Voir notamment *Journal général*, 20 et 27 juin 1864.
2. Par exemple 12 et 19 novembre 1863, 22 juillet 1868.

la Sorbonne soient *empilés dans une salle laide et délabrée*
dont une préfecture de 3e classe ne voudrait pas pour
salle de spectacle [1] ; le 30 novembre 1865, elle relève
ironiquement les *foudres administratives*, c'est-à-dire un
communiqué dont elle avait eu sa part avec l'*Univers*,
ajoutant qu'elle continuerait à soutenir les idées utiles,
*sans s'émouvoir des incidents les plus imprévus et les plus
immérités*. En août 1866, elle encourut une amende de
1 000 francs pour n'avoir pas pris dans le *Journal Officiel*
son compte rendu d'un débat législatif ; mais cette condamnation, qui n'émanait évidemment pas de Duruy, fut
compensée par la décoration conférée à Louis Bréton, un
des gérants de la maison Hachette. Le 13 juin 1869, elle
remarquera que le Gouvernement avait attendu, pour
trouver 300 000 francs en faveur des vieux instituteurs,
que la Chambre leur en eût refusé 90 000 et elle regrettera
qu'il accapare ainsi cette libéralité ; mais elle se garde
d'entrer dans l'opposition déclarée.

Toutefois Duruy avait contre lui les enfants perdus de
l'enseignement, qui semblaient devoir lui être tout gagnés,
mais qui le tenaient un peu, comme ils tenaient Cousin,
pour un endormeur. Il arrivait à Duruy comme à tous
les hommes qui parlent beaucoup : même quand ils
agissent beaucoup, on trouve qu'ils en font peu. Un jour,
il avait eu le malheur de dire que certains ne se propo-
saient pour des conférences qu'en vue de se faire de la
réclame : le *Journal général* lui demanda si ses innombrables circulaires n'avaient pas le même objet. Il arrivait
aussi à Duruy, comme à tout grand personnage qui
aime à se mettre en vue, d'être déplorablement fla-
gorné, et ces éloges outrés retombaient sur lui en sar-
casmes. Il souffrait que dans le Catalogue général de l'Exposition de 1867, Ch. Robert lui fît une part plus grande
peut-être que de raison ; on croyait donc lui être agréable
par des brochures en vers ou en prose, où on l'appelait le

---

1. 22 février 1866.

Ministre Titan qui a osé déchirer les despotiques lois de la reine Ignorance, ou bien *le premier savant du monde, celui qui est le premier après Dieu et la famille ;* on pense si le *Journal général* recueillait et commentait ces platitudes [1]. Des feuilles officieuses racontaient comment il avait trouvé moyen d'entretenir chacun des 800 instituteurs mandés pour l'Exposition universelle et de lui montrer qu'il connaissait les besoins de sa commune ; elles relataient des inspections faites par lui *incognito* où toutes les autorités s'étaient trouvées à la gare pour le recevoir, où en quelques heures il avait visité le château, l'école des Arts et métiers, l'ancien hôpital, les nouvelles constructions de l'École de médecine, le lycée, l'école normale primaire ; elles lançaient des canards flatteurs auxquels d'autres répondaient par des canards satiriques : d'un côté on contait le touchant accueil fait par Duruy à un brave instituteur qui avait corrigé, ne vous déplaise, les erreurs de Lagrange ; d'autre part on renchérissait sur l'attention qu'avait eue Duruy d'ouvrir aux 800 instituteurs précités un crédit d'une demi-tasse quotidienne dans un café du quartier latin, ou par l'anecdote du vase nocturne pris par lui dans un lycée *en flagrant délit de méphitisme,* ce qui lui avait inspiré deux circulaires. Lorsqu'un de ses principaux auxiliaires, ce même Ch. Robert, dans un banquet d'instituteurs, déchira, au milieu d'un tonnerre d'applaudissements, une carte d'Europe où la France était marquée comme une des nations les moins instruites, la *France,* la *Patrie* elle-même avertirent que ce geste ne signifiait rien et Weiss ajouta : « Allons, décidément M. Duruy s'appelle légion[2]. » Weiss et Paradol furent les premiers à ouvrir le feu de cette petite guerre ; tous deux avaient un grief personnel : celui-là s'était vu refuser la suppléance de Saint-Marc Girardin parce qu'il ne voulut pas quitter le bulletin quotidien des

---

1. 17 avril 1867, 8 et 29 mai 1867.
2. *Journal général,* par exemple, 17 septembre, 3 et 10 octobre 1867.

Débats [1] ; celui-ci n'avait pas obtenu de donner une conférence publique. Weiss adressait quelquefois à Duruy des
objections sérieuses, mais il tâchait aussi de le mortifier,
l'accusant de se dédommager aujourd'hui du long silence
qu'il avait jadis gardé comme fonctionnaire et opinant
qu'après l'avoir retenu trop longtemps dans un poste secondaire, puis porté trop haut, l'on devrait revenir sur la
deuxième erreur [2] ; sa feuille, le *Journal de Paris*, disait
un autre jour à propos de la nomination d'Albert Duruy
comme secrétaire particulier de son père, que, quand on
mettrait l'un à la place de l'autre, il n'y aurait pas grand
mal [3]. Paradol, dans les *Débats*, se réjouissait de l'échec de
Victor Chauvin dans une élection législative, parce que
Chauvin appartenait à la fraction *complaisante, déclama-
toire* du parti démocratique et prenait le mot d'ordre de
Duruy [4]. Assollant faisait sa partie dans ce concert ;
Sarcey lui-même, le judicieux Sarcey, y donnait à pleins
poumons ; le 9 août 1867, il se joignait aux plaisants qui
raillaient Duruy sur ses promotions dans la Légion d'honneur et demandait pour lui dans le *Nain jaune* le titre
d'Altesse; il racontait dans le *Gaulois* que Duruy avait
voulu le gagner, l'avoir à sa table, mais qu'il avait refusé [5].
About, qui acceptait les invitations du ministre et que son
intimité avec Hachette aurait dû disposer en sa faveur, le
défendait avec une maladresse qu'on ne sait s'il faut qualifier de juvénile ou de perfide; car, en félicitant Napoléon III

---

1. *Revue de l'Instruction publique*, 12 et 19 janvier 1863.
2. Voir un article de lui cité dans le *Journal général* du 10 juillet 1867.
3. Cité, *ibid.*, 12 septembre 1867.
4. Lui aussi il avait sa rancune : autorisé en 1860 à faire une conférence hebdomadaire, il avait essuyé en 1867 un refus pour une causerie
sur *Polyeucte* ou plutôt on lui avait accordé la permission 48 heures
après le jour annoncé, ce qui avait fait dire par Francis Magnard dans
le *Figaro* que, pour le dédommager, le ministre l'autorisait à parler
dorénavant l'avant-veille du jour où on le lui permettrait.
5. *Journ. de Paris*, 24 novembre 1867 ; autre article du même journal
cité dans le *Journal général* du 20 août 1868 ; *Nain Jaune* du 19 août
1867 ; *Gaulois* du 28 juillet 1869.

d'avoir voulu émanciper et *décrasser* malgré eux les électeurs par l'entremise de Duruy, il lâchait le mot malsonnant de libre-penseur ; il accordait qu'il y avait folie à vouloir tout réformer à la fois quoique « les fous de ce caractère soient mis par la postérité dans un Charenton spécial » [1]. Voilà avec quelle étourderie ces hommes si spirituels, qui n'en étaient plus à leur première jeunesse et à qui Duruy aurait dû être sympathique, jugeaient ses efforts !

Il leur prêtait aussi le flanc par son affection paternelle :

> Heureux père d'enfants qui dans ce pauvre monde
> Font du chemin et font du bruit,

comme disait Arthur de Boissieu ; il n'était pas responsable des escapades qu'on leur prêtait, mais Anatole n'était pas arrivé tout seul en 1868 à la place de receveur à Paris. Sur le premier moment, on avait admiré l'activité de toute cette famille : « Voilà des gens qui n'ont pas envie de s'endormir dans les délices de la rue de Grenelle [2] ! » ; mais bientôt on aurait dit volontiers que les membres de cette famille s'aimaient trop et se ressemblaient trop.

Les hommes graves de l'Opposition auraient volontiers rendu à Duruy plus de justice ; quelquefois ils lui marquèrent de l'estime, mais leur profonde haine contre l'Empire égarait leur jugement comme l'habitude de l'ironie aveuglait les brillants rédacteurs du *Journal de Paris*, du *Nain Jaune*, du *Courrier du Dimanche*. Ils lui reprochaient de ne pas être assez hardi, assez exigeant, et il ne fallait pas grand'chose pour leur faire suspecter ses intentions. Lorsqu'il décida que l'histoire contemporaine serait en-

---

1. Article du *Gaulois* cité dans le *Journal général* du 21 novembre 1866.

2. *Revue de l'Instruction publique*, 9 juillet 1863 ; mais voyez la malechance de Duruy ; cette feuille amie et point flagorneuse ne peut s'empêcher d'assurer que le gendre du ministre, tout en continuant à faire ses classes, travaille *dans l'intervalle* au Ministère à raison de 10 heures par jour : 10 heures de bureau et une classe à préparer et à faire !

seignée dans les lycées, ils crurent à une arrière-pensée de propagande adulatrice ; de fait, certains manuels, celui-là même de la collection Duruy par G. Ducoudray, présentèrent le coup d'Etat comme une nécessité à laquelle l'Assemblée Législative avait acculé le Prince Président ; Duruy avait pourtant raison : malgré les inconvénients possibles, il faut que les enfants connaissent les faits de leur temps. Mais enfin il était en mauvaise posture : le *Journal général* dit que le programme que Duruy avait présenté pour ce cours le 25 septembre 1863 visait trop expressément à glorifier l'Empire et préférait le remaniement qui s'en fit au Conseil supérieur[1]. Il faut pourtant tenir compte des instructions verbales données par Duruy le 8 octobre de la même année dans l'intervalle des deux programmes, où, parmi des conseils obscurs, il prémunissait les maîtres contre *un zèle indiscret qui s'appliquerait à faire sortir la glorification superflue du présent de l'injuste condamnation du passé ;* mais rien ne calmait la défiance de la Gauche ni de l'extrême Droite, le *Temps,* le *Siècle,* Nefftzer, Eug. Pelletan, Picard et les légitimistes.

Par la générosité de sa conduite, Duruy aurait dû pourtant leur agréer. Vivement attaqué par la presse, il ne répondait pas par ces *avertissements* dont le troisième était mortel ; il s'en tenait aux *communiqués,* qu'au surplus il ne ménageait point. Il ne dédaignait pas de rédiger à l'occasion ces répliques de sa main et d'un style énergique ; il y disait, par exemple, qu'il ne faut pas hésiter à *mettre le pied sur la calomnie,* que le *Journal général* déployait à son égard *une malveillance systématique, un esprit de dénigrement* et quelquefois trahissait son ignorance des questions[2]. Ou bien il raillait : lorsque le *Charivari* fit une caricature sur les écoles qui allaient s'emplir et les prisons qui allaient se vider (8 avril 1867), Duruy remercia le caricatu-

---

1. N° du 19 janvier 1864.
2. *Journal général,* 9 juillet 1863, 21 avril et 21 juin 1866. C'est dans le n° du 20 janvier 1864 qu'on voit que le communiqué sur la manière de répondre à la calomnie était de la main du Ministre.

riste. On peut se demander s'il sied à un Ministre de discuter
avec les journaux ; mais au moins il prouvait que, s'il
aimait à commander quand il le pouvait, il ne croyait pas
déroger en se justifiant après coup. Il ne se vengeait pas
de ses contradicteurs : Pouchet, qui s'était vivement que-
rellé avec lui à propos du Muséum, reçut néanmoins la
rosette, de même que Dupont, et c'est devant les ouvriers
de Dupont qu'il a prononcé sur les rapports du travail
manuel et du labeur intellectuel le plus touchant de ses
discours[1].

Néanmoins, dès le milieu de 1867, la presse libre, en
général, s'éloignait de lui. Dès les premiers mois de 1868,
parmi les journaux de Gauche, il n'y avait que l'*Opinion
Nationale* à le soutenir. Lorsqu'il tomba du Ministère en
1869, il ne fut guère défendu que par le *Peuple Français*
et regretté que par la susdite *Opinion Nationale*, le *Constitutionnel* et la *Revue de l'Instruction publique* qui seule
mit de la chaleur dans ses adieux ; elle dit qu'il n'y avait
jamais eu administration plus active, plus féconde ; que
l'Université lui reprochait d'aborder trop de questions,
mais que c'était qu'il voulait la tirer de la routine ; qu'il
avait prononcé ou écrit quelques mots de trop, mais qu'il
n'avait pas été un complimenteur isolé au milieu de pu-
ritains farouches[2]. Seulement remarquez l'impartialité
calme de ce jugement ; ne dirait-on pas qu'on parle d'un
morto qualtriduo ? Décidément Duruy entrait définitivement dans l'histoire ; seul le *Moniteur* exprime le désir
de le voir rester au pouvoir. Il ne partait même pas en
paix. Dans deux articles simultanés, Sarcey l'accusait
d'avoir fomenté par des flatteries les révoltes des *jeunes
galopins ;* Weiss avait appelé le Ministère qui tombait
cabinet Rouher-Duruy, cabinet Duruy-Rouher et soutenu
que si l'on ne renvoyait pas Duruy autant vaudrait garder

---

1. *Journal général*, 11 juin 1866.
2. Voir deux articles de Goumy, alors directeur, 22 janvier 1869,
28 avril 1870.

Rouher; et notons qu'une partie du cabinet resta, dont
Forcade la Roquette. Le *Temps* laissait à l'avenir le soin
de juger cet administrateur au *zèle intempérant et brouillon*.
D'après le *Rappel*, il fallait un microscope pour constater
que Duruy était peut-être moins illibéral que ses collègues[1]. Le *Siècle* et les *Débats* ne disaient rien. Aussi
bien, je me souviens parfaitement que Duruy n'était pas
populaire à l'Ecole normale ; nous lui reprochions, à tort
ou à droit, d'avoir pris 100000 francs sur notre budget
pour l'Ecole de Cluny, et un de nos camarades, futur
membre de l'Académie française qu'il déride à l'occasion,
chantait :

> C'est Duruy l'ex-ministre
> Qui, pleurant comme un veau,
> Dit : « Je ne suis qu'un cuistre
> Auprès de ce Bourbeau ».

Du moins, de sens rassis, les adversaires de Duruy
purent se consoler par la réflexion que ce n'étaient pas eux
qui l'avaient renversé ; de même que ce n'est pas la Gauche
qui a renversé l'Empire, mais bien la journée de Sedan, ce
n'est pas par l'intempérance de ses qualités qu'il est
tombé du Ministère : il a été emporté par la chute du
pouvoir personnel.

Une fois Duruy parti, la *Revue de l'Instruction publique*
et le *Journal général* offrent peu d'intérêt ; l'heure devient
trop grave ; les deux feuilles se querellent encore parfois
sur leurs moyens d'existence, mais elles ne se combattent
plus pour de grandes questions ; elles ne se mêlent pas du
plébiscite et souhaitent bonne chance aux divers ministres
de l'Instruction publique. On aperçoit, en rapprochant un
article du *Journal général* du 8 septembre 1870 de quelques articles publiés dans les années précédentes par la
Revue de Hachette, que les chimères de la philanthropie
avaient pénétré dans l'Université ; cet article paru presque

---

1. *Journal de Paris*, 6 et 13 juillet ; *Temps*, 17 juillet ; *Rappel* et
France du même jour ; *Peuple Français* et *Nain Jaune* du 18.

au lendemain de Sedan exprime l'espoir que la présente guerre sera la dernière ; l'auteur se flattait-il qu'un retour de fortune allait nous préserver du démembrement, ou acceptait-il éventuellement la mutilation de la patrie ? En tous cas, il approuvait Bersot d'avoir dit dans les *Débats* que maintenant la guerre est devenue si terrible qu'on ne s'y jettera plus de gaîté de cœur, ce qui serait certes fort désirable, mais le *Journal général* ajoutait : « Nos enfants ne négligeront rien pour rendre impossibles ces luttes acharnées qui suspendent chez les nations pour si longtemps la vie intellectuelle, base de paix et de liberté ». A supposer que la guerre ne retrempe pas la pensée d'un peuple, il vaudrait mieux, comme Boileau, prêcher la paix à un roi victorieux qu'à une nation outragée. Il y avait à la fin de l'Empire quelques indices inquiétants d'humeur trop pacifique chez certains universitaires, quoique beaucoup moins que parmi les républicains de la Chambre. Certains commençaient à dire que désormais la victoire appartiendrait au peuple le plus instruit et que c'était l'instituteur qui avait vaincu à Sadowa. Goumy accordait quelque chose aux judicieuses craintes que les Allemands établis en France inspiraient à M. Gaidoz, il avouait que leur nation a *un sentiment très insuffisant du droit d'autrui*, mais il ajoutait : « Il n'est aucun peuple certainement à l'amitié et à l'estime duquel nous tenions davantage pour notre pays [1] » et malheureusement il retirait assez vite la concession faite à M. Gaidoz, car le 19 mars 1868, à M. Ch. Lenient qui, au milieu de quelques erreurs de fait, signalait le danger de l'engouement pour l'Allemagne, il répondit que les Allemands ne lui paraissaient nourrir aucun mauvais dessein contre la France. M. Bréal aussi, avec une généreuse imprudence, se refusait aux craintes de M. Gaidoz[2]. Duruy était plus clairvoyant; sans doute il faisait ressortir la supériorité de l'érudition

---

1. *Revue de l'Instruction publique*, 8 juillet 1866.
2. *Ibid.*, 15 juillet 1869.

germanique, mais la relation de voyage et un article précités montrent que si leurs ridicules l'empêchaient, non de voir leurs bonnes qualités, mais de les craindre assez, il prévoyait fort bien qu'une fois unifiés ils nous feraient la guerre.

Au contraire, dans le cercle des obligations professionnelles et des relations des maîtres entre eux, la *Revue de l'Instruction publique* et aussi le *Journal général* me paraissent irréprochables ; on les voit animés d'un esprit de concorde et de bonne volonté. Ni les maîtres ne marchandent leur peine, ni les divers ordres d'enseignement ne se dénigrent les uns les autres. Sauf en un petit nombre de pages qu'inspire la reconnaissance envers les bailleurs de fonds, l'on n'aperçoit ni sectaires, ni meneurs ; les intérêts de l'enseignement, la dignité de la corporation parlent seuls. Au reste, ce sont des Revues littéraires et scientifiques en même temps que pédagogiques : en accueillant quantité d'analyses de thèses, de Rapports sur les missions archéologiques, elles ont aidé l'Université de France à se faire écouter, non plus seulement de l'adolescence, mais de l'Europe savante.

Charles DEJOB.

SAINT-CLOUD. — IMPRIMERIE BELIN FRÈRES.

www.ingramcontent.com/pod-product-compliance
Lightning Source LLC
Chambersburg PA
CBHW061325060726
47596CB00003B/1078